Das verschwundene Osternest

Der
Osterhase

Hanni
Hase

Pia

Dieses Buch gehört

_____

Erna Elster

Die strahlende Morgensonne kitzelt Hanni Hase an ihrer rosa Stupsnase. „HATSCHI!" Hanni muss niesen. Müde reibt sie sich die Augen. Ist es etwa schon Zeit zum Aufstehen?

„Nur noch ein bisschen", gähnt sie, kuschelt sich gemütlich wieder in ihr weiches Grasbett und schließt die Augen.

Im nächsten Moment ist Hanni hellwach.

Heute beginnt doch die große Ostervorbereitung!

Die Eier müssen von den Hühnern geholt und bemalt
werden, Osterkörbchen werden geflochten...

Fast hätte sie verschlafen. Dabei darf Hanni
dieses Jahr zum ersten Mal dabei sein.

Aufgeregt hoppelt sie über die
Blumenwiese in Richtung Osterwerkstatt.

An der alten Birke rumpelt sie in Erna Elster.

„He, du Wirbelwind, pass doch auf, wo du hinläufst!", schimpft Erna und lässt vor Schreck den schillernden Käfer fallen, den sie gerade aufgepickt hatte.

Ärgerlich schnatternd flattert sie davon und der Käfer sucht eilig das Weite. „Entschuldigung", murmelt Hanni und flitzt schnell weiter.

„Da bist du ja, du Schlafmütze!", ruft ihre
Freundin Pia und drückt ihr einen Pinsel in die Hand.
„Du darfst malen!" Hanni macht einen Freudenhüpfer.

Das hatte sie sich so sehr gewünscht – malen! –,
nicht bloß Eier schleppen. Eifrig steckt sie den Pinsel
in die rote Farbe und greift sich ein Ei.
Hups, das ist aber gar nicht so einfach.

Hanni schiebt das Ei mit dem Pinsel vor sich her.
Es kullert im Zickzack vor ihrem Pinsel davon und
Hanni malt komische Wackellinien auf das Ei.
„Hihi, du eierst", kichert Pia.

Als sie sieht, dass Hanni ganz verzweifelt die Ohren
hängen lässt, tröstet sie ihre Freundin:
„Das ging mir letztes Jahr genauso.
Wart's ab, morgen geht es schon viel leichter."

Und tatsächlich.
Es dauert nicht lange
und Hanni gehört zu den
besten Osterei-Malern.

Ihre Zungenspitze schummelt
sich an ihren Hasenzähnen vorbei,
als sie wunderschöne bunte
Muster, Marienkäfer und
lustige Tiere auf die Eier malt.

Die anderen Hasenkinder
staunen nicht schlecht.

Und auch der Osterhase ist stolz
auf seine jüngste Künstlerin.

Der Osterhase ist in die Werkstatt gekommen, um den Hasenkindern noch einmal zu sagen, wo sie am Ostermorgen die Eier abliefern sollen.

„Morgen, pünktlich zum Sonnenaufgang, müssen alle Eier unter der großen Birke liegen", sagt er streng. „Im Körbchen. Eier ohne Körbchen nehme ich nicht mit, verstanden?"

Alle Hasenkinder nicken.

Hanni ist schon wieder fleißig. Mit den Eiern ist sie längst fertig. Jetzt ist das Körbchen dran. „Das müssen wir nicht", sagt Pia.

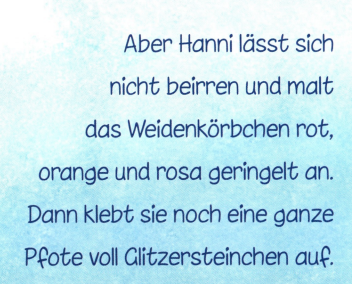

Aber Hanni lässt sich nicht beirren und malt das Weidenkörbchen rot, orange und rosa geringelt an. Dann klebt sie noch eine ganze Pfote voll Glitzersteinchen auf.

„Wunderschön!", ruft Pia.

Als es dunkel wird, haben alle Hasenkinder ihre Körbchen unter
die alte Birke gestellt. Zufrieden betrachten Hanni und Pia
ihre Ostereier.

„Hopp, hopp ins Hasennestchen!", hört Hanni ihre
Mutter rufen. „Komme schon!", ruft sie und gähnt.

Nach so viel Arbeit wird sie am Ostermorgen
ganz lange ausschlafen.

Aber dann wird Hanni doch ganz früh wach.

Ihr erstes Osternest geht heute auf Reisen!
Das ist viel zu aufregend, um liegen zu bleiben.

Hanni schleicht sich aus ihrem Hasenbett
und hoppelt flugs zur alten Birke.
Sie möchte ganz sicher sein, dass mit ihrem
Körbchen und den Eiern alles in Ordnung ist.

Als sie bei der alten Birke ankommt, sieht sie die Bescherung.

All ihre Ostereier liegen wild durcheinander im Gras.

Vom Körbchen keine Spur.

„So wird der Osterhase meine Eier nicht mitnehmen",
weint Hanni. Sie schaut sich um. Aber da stehen
wirklich nur die Körbchen der anderen.

Und neben einem Busch liegt ein Vogelnest.

Hanni lässt sich auf ihr Stummelschwänzchen plumpsen.

„Was ist passiert?" Pia kommt über die Wiese gehoppelt.

Hanni zeigt auf die bunten Eier. „Oh nein, Hanni.

Wie ärgerlich!", seufzt Pia.

Hanni kullert eine Träne über ihr Stupsnäschen.

„Das Körbchen kann doch nicht weggeflogen sein", überlegt Pia.

Weggeflogen? Da hat Hanni eine Idee.

War hier nicht gestern noch
Erna Elster unterwegs?

Elstern lieben glitzernde Dinge,
das weiß jedes Hasenkind.

Hanni und Pia schauen in die Baumkronen
der Bäume auf der Blumenwiese.

Und da sieht Hanni es auch schon
weit oben funkeln. Erna Elster hat sich
aus dem Körbchen ein Nest gebaut!

Jetzt ist auch der Osterhase da. „Welch ein wunder-
schönes Nest Erna doch hat", zwinkert er Hanni zu.

„Und ihr altes Nest hat sie uns da gelassen.
Ich denke, es eignet sich hervorragend dazu,
deine Ostereier heile zu transportieren."

Hanni nickt und hüpft glücklich auf und ab.

Und Erna Elster? Die sitzt zufrieden in ihrem
Glitzernest und putzt sich die Federn.

Ostereier natürlich färben

Zutaten

Orange	Karotten	**Rotviolett**	Rote Beete
Gelb	Curry	**Blau**	Blaubeeren
Türkis	Rotkohl	**Grün**	Petersilie
Braun	Schwarzer Tee		

Anleitung

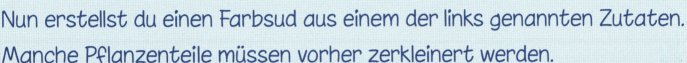

Zum Färben eignen sich weiße Eier am besten.
Die Eier sollten zuerst mit Essigwasser abge-
rieben werden, damit die Farbe später intensiver wird.

Nun erstellst du einen Farbsud aus einem der links genannten Zutaten.
Manche Pflanzenteile müssen vorher zerkleinert werden.

Diese gibst du dann in einen alten Kochtopf, in dem du die Zutat
mit ca. einem Liter Wasser einweichst und anschließend kochst.
Je nach Lebensmittel ist die Kochzeit unterschiedlich lang.
Hier kann ein bisschen experimentiert werden.

Aus frischen Pflanzen wie der Roten Beete kann
sofort ein Farbsud hergestellt werden.

Nach dem Kochen siebst du die restlichen Pflanzenteile aus, sodass du nur noch die farbige Flüssigkeit übrig hast.

Dann werden die Eier in dem Farbsud gebadet bzw. gekocht.

Je länger die Eier im Farbsud bleiben, desto intensiver wird der Farbton. Am besten lässt du die Eier über Nacht in der Farbe liegen.

Am nächsten Tag hast du schöne bunte Eier.

Wenn die Eier schön glänzen sollen, kannst du sie zum Schluss noch mit Speck einreiben.